ET ENCORE
BONNE
LECTURE
MATIS!!

AMICALEMENT

MICHEL
GRANT
26 mai 05

Couleur et mise en gris: Raymond Lafontaine
Correction : Christine Barozzi
Infographie: Stéphane Desranleau
Merci à Carbo pour son coup d'œil et son coup de main.

Les Éditions Québédé
C.P. 221, Station "H"
Montréal Qc
H3G 2K8

Dépôt légal : 4e trimestre 2004
Bibliothèque nationale du Québec
Bibliothèque nationale du Canada

Catalogage avant publication de Bibliothèque et Archives Canada
Grant, Michel, 1960-

     L'oasis de la couronne

     (Les aventures de Ti-Guy ; 2)
     Bandes dessinées.

     ISBN 2-9805733-1-0

     I. Titre. II. Collection: Grant, Michel, 1960-   . Aventures de Ti-Guy ; 2.

PN6734.O27G72 2004   741.5'971   C2004-941460-7

Les aventures de Ti-Guy 2

L'Oasis de la Couronne

Texte et dessins de Michel Grant

PLUS SKETCHES EN VRAC!

Québédé

Coup d'oeil sur l'épisode précédent:

Ti-Guy est confondu avec Kleb, un passeur de puces informatiques de contrebande. Ce dernier est arrêté par les agents fédéraux et Ti-Guy se retrouve alors avec une puce très convoitée.

Alpha et Bêta, mandatés par un mystérieux Grand Chef, sont à ses trousses. Mais ils sont rapidement repérés par les amis de Ti-Guy, Al et Ric.

Le contrôleur, patron de Ti-Guy, somme celui-ci de mettre la main au collet de Clepto, « très voleur autonome », mais celui-ci brouillera les cartes.

MARCHÉ aux PUCES

Gladys, cauchemar de Ti-Guy, avec son cri primal qui glace d'effroi le gros Bêta, et Albéric, future mascotte d'Al et Ric, sont aussi des intervenants de choc !

Alpha et Bêta, tout comme Clepto, échouent finalement dans leurs tentatives pour s'emparer de la puce et doivent prestement repartir à sa recherche.

Ti-Guy dévoile alors à ses amis ce qu'il a entrevu de la puce à l'aide du puissant ordinateur du métro.

On en est donc là…

Ti-Guy

Cet original touche-à-tout, débrouillard comme pas un, attire
toutes les situations les plus saugrenues, bien malgré lui.
Trente-six métiers, 36 misères ? Pour Ti-Guy, c'est toujours 36 solutions !

Al, Ric et Albéric

Une indéfectible amitié lie ce petit fouineur à cette force
tranquille, dans un trio complété par leur mascotte Albéric.
Al et Ti-Guy, désormais célibataire, demeurent grands copains.

Alpha et Bêta

Ce sont les deux sbires à la solde d'un mystérieux Grand Chef.
Le jugement déficitaire de Bêta n'a d'égal que le bouillant
caractère de son supérieur Alpha.

Clepto

Petit détrousseur sans envergure, il est toujours à l'affût d'un
bon coup. Mais ne vous laissez pas intriguer par cet étrange regard,
car sous des dehors anodins, se cache un être…inoffensif !

DANS UNE CITÉ PERDUE DU DÉSERT, TOUS S'AFFAIRENT EN CE JOUR LE PLUS IMPORTANT DE L'ANNÉE: LE JOUR DE LA COURONNE. SA CÉLÉBRATION DOIT APPORTER LA PROTECTION CONTRE LES TEMPÊTES DE SABLE ET ASSURER L'ABONDANCE DE L'EAU. C'EST QU'ICI, MÊME SOUS LES DATTIERS DES OASIS, IL FAUT CREUSER POUR TROUVER LE PRÉCIEUX LIQUIDE.

MAIS CE JOUR-LÀ, QUELQUE CHOSE TOURNE AU VINAIGRE...

6

7

À 1000 LIEUES DE TOUT ÇA...

... ET ICI, DE L'ANTIQUITÉ JUSQU'À AUJOURD'HUI, C'EST TOUTE L'HISTOIRE DE L'HUMANITÉ RÉPERTORIÉE. LÀ, D'AUTRES DONNÉES INFORMATIQUES DIVERSES.

MAINTENANT, AL ET RIC, LE PLUS PALPITANT DU PROGRAMME DE CETTE FORMIDABLE PUCE...

CLIC!

... LE VOICI: LA FAMEUSE MACHINE À VOYAGER DANS LE TEMPS! SUR PLAN, DU MOINS!

INCROYABLE!! AINSI, TI-GUY, ÇA SERAIT DONC POSSIBLE!

WOW!

TU Y COMPRENDS QUELQUE CHOSE, TOI, RIC?

EH BIEN...

BIDULE

PUCE

ÇA A L'AIR TOUT SIMPLE: LA PUCE VIENDRAIT TOUT BONNEMENT S'INTÉGRER AU « BIDULE », POUR L'ACTIVER, JUSTE ICI.

QUOI? CETTE TÉLÉ-COMMANDE?

HUMM...

EH! ON DIRAIT BIEN QU'ALBÉRIC A FLAIRÉ AUTRE CHOSE!

CLIC

OH! UNE JEUNE FILLE! BIEN JOUÉ, ALBÉRIC! ÉCOUTONS-LA.

4

SALUT LES TI-COCOS! JE SUIS LA NIÈCE DU TIMIDE INVENTEUR. POUR DE L'INFORMATION SUR MON « PATENTEUX » D'ONCLE ET SUR SON BIDULE EN PRIME, IMPRIMEZ! BIP!

SALUT LES TI-COCOS! JE SUIS LA...

'TITE COQUINE, OUAIS! TU PARLES SI ON IMPRIME!

ENCORE HEUREUX QUE RIC AIT PU NOUS TRAFIQUER ASSEZ DE COURANT POUR LA PUCE!

TUT TUT!

EUH, FAIS VITE, AL, JE CROIS BIEN QU'IL EST TEMPS DE REMETTRE LE JUS EN PLACE...

... AVANT QU'ON NE TROUVE L'ORIGINE DE LA PANNE DE COURANT AU COIN DE LA RUE!

TUT TUT!

TUUT TUT!

TUUT TUT!

TUUT TUT!

6 DE ★

EN MÊME TEMPS...

GRMMMLL! ENTREZ!

CONTRÔLEUR

TOC TOC

SOCIÉTÉ DE TRANSPORT EN COMMUN

MM'OUI, QU'Y A-T-IL?

JE CHERCHE UN DE VOS CHAUFFEURS D'AUTOBUS: TI-GUY!

GRAT GRAT

OÙ EST-IL?

GARDIEN

MAIS DANS UN AUTRE RECOIN DE LA VILLE...

TOUTE UNE FLOTTE, HEIN, ALPHA? ET LE GRAND CHEF VEUT NOUS VOIR MAINTENANT?

EXACT, BÊTA. ET IL PARAÎT QU'IL EN A AUSSI TOUTE UNE POUR NOUS!

MESSIEURS, C'EST CONFIRMÉ: VOTRE DÉNOMMÉ TI-GUY N'EST PAS NOTRE KLEB PASSEUR DE PUCES! ENCORE UNE FOIS: BRAVO!

LE VRAI KLEB ÉTAIT EN PRISON ET IL VIENT TOUT JUSTE DE PRENDRE LE LARGE.

PARACLET
JOURNAL INTERLOPE
ÉVASION D'UN AGENT SECRET
LE GARDIEN BÂILLONNÉ
MM MMM
RÉSEAU PEN

IL VA DONC TENTER DE NOUS DOUBLER AUPRÈS DE TI-GUY POUR RÉCUPÉRER SA PUCE. SANS COMPTER, LES FÉDÉRAUX À SES TROUSSES! ALORS, SOYEZ EFFICACES...

... ET SANS BAVURE! USEZ DE VOTRE MATIÈRE GRISE...
(SOUPIR!)
... SI CE N'EST PAS DÉJÀ TROP USÉ!

VOICI LE VRAI VISAGE DE KLEB. ROMPEZ!

ALORS, PAR OÙ ON COMMENCE, PATRON?

J'AI MON IDÉE. DE TOUTE FAÇON, L'OBJECTIF RESTE LE MÊME: TI-GUY! RETRAÇONS DONC SON EMPLOYEUR.

LE LENDEMAIN MATIN...

EH BIEN, CE «PATENTEUX» D'ONCLE S'APPELLE... PAT! ET IL SE DÉCRIT COMME ÉTANT LE PLUS GRAND GLOBE «TROTTE-ÈRE» DE TOUS LES TEMPS!!

C'EST RIGOLO!

ET LÀ, POUR FAVORISER LES CONTACTS, IL A MÊME PRÉVU LA TRADUCTION INSTANTANÉE DES LANGUES DE TOUS LES PEUPLES RENCONTRÉS! EH BEN!

PLUTÔT SYMPA, CE PAT. CONCLUSION, RIC: LA PUCE ET LE BIDULE, ÇA SE TIENT TOUT ÇA?

EN THÉORIE, ET AVEC UN BRIN D'OUVERTURE D'ESPRIT, OUI! D'APRÈS UN SURVOL DE CES BOUQUINS SCIENTIFIQUES.

EN PRATIQUE, PAR CONTRE, C'EST UN SAUT VERS L'INCONNU!

DIS, TI-GUY, TU IRAIS TE PROMENER, TOI, DANS LE TEMPS?

SI J'AI LE TEMPS, AL! TU N'IRAIS PAS, TOI?

HOP

ENCORE FAUDRAIT-IL TROUVER LE BIDULE, OU BIEN SON CRÉATEUR...

IL VOUS MANQUE UNE PIÈCE DU PUZZLE?

ÇA TOMBE BIEN: À MOI AUSSI! QUE PERSONNE NE BOUGE!

GRAT GRAT

ENFIN, JE VOUS RETROUVE!

EH! MAIS JE VOUS RECONNAIS! VOUS ÊTES...

KLEB? HÉ! HÉ! LE VRAI, OUI! BIEN VU! ET CECI, VOUS RECONNAISSEZ?

OH! LE BIDULE!? MAIS?... COMMENT?

OUHH

HA! HA! VOTRE TÊTE MÉRITE EXPLICATIONS!

GRAT GRAT

LA RUMEUR COURAIT DANS LE MILIEU: UN SAVANT SURNOMMÉ "PAT" TRAVAILLAIT SUR UNE GROSSE INVENTION TOP SECRET. ME DÉPLAÇANT INCOGNITO, COMME TOUJOURS, JE L'AI LOCALISÉ.

ÇA Y EST: J'AI RÉUSSI!

MOI AUSSI! HÉ! HÉ!

J'ALLAIS M'EMPARER DE L'APPAREIL QUAND CE VIEUX CINGLÉ ACTIONNA SON BIDULE...

BYE BYE!

CLIC

?!

...IL Y EUT UN BROUILLARD ET JE PERDIS CONSCIENCE DE TOUT!

Pouf!

Pouf!

NOUS AVONS ABOUTI DANS LE PASSÉ, AU MILIEU D'UNE CÉRÉMONIE ET DIRECTEMENT SUR LE PORTEUR D'UNE COURONNE... UNE COURONNE D'OR!

9

13

JE ME SUIS EMPARÉ D'ELLE PENDANT QUE PAT PRENAIT LA FUITE AVEC LE BIDULE. DES GARDES SE LANCÈRENT À NOS TROUSSES.

JE N'AVAIS PLUS MON PISTOLET, MAIS QU'À CELA NE TIENNE, J'AI RATTRAPÉ PAT...

NON! NE...

CLIC

...ET JE ME SUIS ENFUI SEUL VERS LE PRÉSENT AVEC LA PRÉCIEUSE COURONNE!

Pouf!

J'AI ATTERRI EN ÉCOSSE ET, APRÈS AVOIR CACHÉ LE BIDULE ET LA COURONNE, JE ME SUIS FONDU DANS LES COULEURS LOCALES. AINSI DÉGUISÉ, JE SUIS PARTI MONNAYER LA PUCE JUSQU'À CE QUE JE VOUS CROISE   DANS L'AUTOBUS!(*)

GOLF DU CLAN GRANT

(*) VOIR: MARCHÉ AUX PUCES

VOILÀ, VOUS SAVEZ TOUT!

MAIS!... DEPUIS TOUT CE TEMPS, PAT EST DONC PRISONNIER DU PASSÉ!!

OOUUHH

ET DEUX FOIS PLUTÔT QU'UNE! HA! HA!

DÉCIDÉMENT, CE CABOT EST LE PLUS FUTÉ!

ALLEZ, HOP! MAINTENANT, BALANCEZ LA PUCE!

ATTENTION, TI-GUY: S'IL A UN SILENCIEUX, SON ARME EST SÛREMENT CHARGÉE!

AGRR

10

JUDICIEUSE OBSERVATION À NE PAS PASSER SOUS SILENCE!

LA PREUVE:

FTUU

FO ET GRA

FORCE ET GRAVITÉ

GO!

PEU APRÈS...

VOILÀ QUI EST MIEUX! À PRÉSENT, KLEB, J'AIMERAIS SAVOIR: COMMENT FONCTIONNE LE BIDULE?

ALLEZ AU DIABLE!

HUMMM

TIENS, TIENS... «FORCE ET GRAVITÉ II», REVU ET CORRIGÉ, PLUS VOLUMINEUX!

FORCE ET GRAV

C'EST TOUT SIMPLE: ON INSCRIT UN LIEU ET UNE DATE ET IL ENVOIE DANS LE TEMPS TOUS CEUX QUI SE TROUVENT DANS UN RAYON D'UN MÈTRE DE L'APPAREIL!! VOILÀ!

PAS TAPER, SVP!!

MONTRER SA FORCE POUR NE PAS AVOIR À S'EN SERVIR!

FIN D'EXCITATION.

FORCE ET GRAV II

MES AMIS, PENSEZ-VOUS LA MÊME CHOSE QUE MOI? LE SEUL SALUT DE PAT, C'EST NOUS! NOUS N'AVONS PAS LE CHOIX...

...IL FAUT ALLER LE CHERCHER!

EH?

AU FOND, TU AS RAISON TI-GUY. APRÈS TOUT, SI KLEB EN EST REVENU, C'EST QUE ÇA FONCTIONNE! JE PARS!

MOI AUSSI!

SUPER! MAIS AU CAS OÙ IL Y AURAIT UN PÉPIN, RIC, IL VAUDRAIT MIEUX QUE TU RESTES ICI AVEC LES PLANS DU BIDULE. ON NE SAIT JAMAIS!

MMOUAIS... OK!

ET KLEB?

LIVRE-LE AUX DEUX AGENTS FÉDÉRAUX QUI L'AVAIENT ARRÊTÉ DANS LE BUS..(*)

FORCE ET GRAVITÉ II

(*)MARCHÉ AUX PUCES

...ON LES APERÇOIT TOUJOURS AU MARCHÉ À CETTE HEURE-CI.

PIGÉ!

BON, BIEN, PLUS UNE SECONDE À PERDRE! PUISQU'IL FAUT PLONGER... PLONGEONS!

À TOUT DE SUITE, RIC!

CLIC

POUF!

POUF!

ILS... ILS SONT VRAIMENT PARTIS!!

HÉ! HÉ!

SNIF? SNIF?

QU'Y A-T-IL DE SI DRÔLE?

LA FONCTION NON-RETOUR DU BIDULE ÉTAIT ACTIVÉE...

TU PEUX DIRE ADIEU À TES AMIS!

16

TI-GUY?

AL?

ÇA FAIT BIEN 15 MINUTES QU'ON EST LÀ. JE CROIS QU'ON PEUT Y ALLER!

D'AC.

ON DIRAIT BIEN L'INTÉRIEUR D'UN TEMPLE. RIEN DE LOUCHE?

NON.

EH BIEN, ÇA Y EST, AL, NOUS VOICI RETOURNÉS DES CENTAINES D'ANNÉES DANS LE PASSÉ!

C'EST BIEN BEAU, MAIS À PRÉSENT, OÙ ALLONS-NOUS?

DU BRUIT! IL Y A DU MONDE, TI-GUY! FILONS!

MAIS PAR OÙ... EEEH!! UNE PORTE DÉROBÉE!

OH! OH!

UNE MOMIE!

ULP!

13

NE TOUCHE PLUS AU BIDULE!

OUF! ENFIN, JE VOUS TROUVE! L'ESPACE D'UN MOMENT, J'AI CRU QUE JE N'ARRIVERAIS PAS À TEMPS!

RIC! MAIS, ENFIN, QUE S'EST-IL PASSÉ?

VOUS VOUS ÊTES BIEN DÉPLACÉS DANS L'ESPACE, ET PAS TRÈS LOIN,...

GRMMMLL

...MAIS PAS DU TOUT DANS LE TEMPS! ON AVAIT OUBLIÉ CETTE FONCTION...

GRMMMLL

CLIC

... ET C'EST CE QUI VOUS A SAUVÉS! SINON VOUS SERIEZ PRISONNIERS DU PASSÉ VOUS AUSSI, SANS CET AUTRE BOUTON, LÀ!

UN DÉTAIL QUOI! BON, OK!...EUH...ET KLEB?

VJMM GR

RE-CLIC

COMME PRÉVU PAR TI-GUY, CUEILLI PARMI LES FRUITS MÛRS AU MARCHÉ PAR LES FÉDÉRAUX, LÀ OÙ JE L'AI DÉPOSÉ!

15

19

LA PISTE DU CONTRÔLEUR NOUS MENANT À TI-GUY EST PLUS RAPIDE QUE PRÉVU! EXCELLENT!

ÇA, POUR ÊTRE RAPIDE...

OK, BÊTA: FILE TE CACHER DANS LA REMISE TOUT PRÈS D'EUX ET ATTENDS MES ORDRES.

À LA PREMIÈRE OCCASION, TU LEUR CHIPES LE TRUC ET TU RAPPLIQUES AUSSITÔT.

JE VAIS TE GUIDER PAR RADIO-STYLO. TU AS LE TIEN?

JE L'AI. MAIS... EUH, PATRON, MON PORTE-MONNAIE... J'AURAIS JURÉ L'AVOIR AVEC MOI CE MATIN!

DISTRAIT COMME TU L'ES, TU AS DÛ L'OUBLIER! ALLEZ, VA!

HUMM...CLEPTO SERAIT-IL DANS LE COIN?

PIGÉ!

16

20

AU MUSÉE, TOUT À CÔTÉ, GLADYS VISITE...

QUOI? PAS DE PATTES AVANT!? L'ANCÊTRE DU P'TIT REX, ÇA?

TASH STÉPHANOSAURUS 70 MILLIONS D'ANNÉES

QUELLE ÈRE BIZARRE...

AU TEMPS DES PHARAONS

DES FAUVES À TÊTE DE FAUCON... PFF... COMPLÈTEMENT NIL, TOUT ÇA!!

ALORS, À TON AVIS, ON INTERVIENT OU PAS?

BOF! DE TOUTES LANIÈRES, ÇA ACHÈVE!

GRMMMLL...PFF...PFF

JE SUIS LE PLUS PRÈS. FOI DE CLEPTO, CE COUP-CI, JE DEVANCE CES DEUX IDIOTS! À MOI LA PUCE!

ET LEURS AFFREUX PÉTARDS: POUBELLE!

ALORS, BÊTA? CETTE SUR-VEILLANCE ÉTROITE?

10/10 ALPHA! J'AI PRIS POSITION.

ÇA Y EST, ME VOICI AGENT DU CAGIBI!

DIS, BÊTA, QUE TIENT LE PETIT DANS SA MAIN?

17

TI...TI-GUY?
ÇA VA?

P... PRECHQUE...
CHE FAIS ME
TIRER JUCHQU'AU
TRONC...

AL,
LE TEMPS
CH'ÉCLAIRCHIT,
CHE CROIS.

IL VAUDRAIT MIEUX,
PARCE QU'AVEC
CE VENT... EEEH!

...MA CASQUETTE!
LA COURONNE!!

OUF!
ELLES SONT LÀ!

ÇA S'APPELLE:
ATTACHE
TA TUQUE...

...AVEC DE
LA ROCHE!!

COURAGE, AL,
LA TEMPÊTE
S'EST CALMÉE.
ET JE TIENS
LE BIDULE.

ET CETTE FOIS, IL EST
FORMEL: À MOINS D'UN
MIRAGE, VOILÀ LA CITÉ
DONT PARLAIT KLEB!

MAIS OÙ EST RIC? ET ALBÉRIC? ET TOUS LES AUTRES?

AUCUNE IDÉE.

QUE FAITES-VOUS ICI?

EH BIEN, QUE FAITES-VOUS DANS LE DÉSERT SANS VOILE AU VISAGE? C'EST LA PANNE CHÈCHE(*)?

(*) CHÈCHE: ÉCHARPE, AU SAHARA

MAIS... QUI ÊTES-VOUS? D'OÙ VENEZ-VOUS?

MAIS DE DERRIÈRE LA DUNE, JUSTE LÀ. TOURISTES, CH'EST CHA?

JE ME NOMME CHÉFYA. PRENEZ CES TCHADORS ET FAITES-EN DES CHÉCHIAS(*). JE VOUS LES OFFRE.

C'EST PAS CHICHE.

C'EST CHIC!

JE LES CONFECTIONNE ET LES VENDS AU SOUK(*)

MERCI. MOI, C'EST TI-GUY. ET VOICI AL. EUH, DITES, VOUS N'AURIEZ PAS VU DES GENS PERDUS DANS LE DÉSERT?

OU UN CHIEN ERRANT, PAR HASARD?

(*) CHÉCHIA: COIFFURE MASCULINE / SOUK: MARCHÉ ARABE

NON, MAIS ILS SONT PEUT-ÊTRE DANS L'OASIS DE LA COURONNE. IL N'Y EN A PAS D'AUTRE AVANT HUIT JOURS DE DROMADAIRE! J'Y VAIS JUSTEMENT.

SEULEMENT, UN GRAND MALHEUR VIENT DE LA FRAPPER!

ON A VOLÉ LA COURONNE D'OR CENSÉE LA PROTÉGER DES TEMPÊTES DE SABLE.

OR, DEPUIS CE TEMPS, ELLES SONT ÉTRANGEMENT LÉGION ET ENVAHISSENT TOUT!!

POC!

21

25

TIENS! LE GOBELET À MESURER DU GRAND DJAU, LE VOYAGEUR MARCHAND DE SEL. IL DOIT ÊTRE...

... DERRIÈRE LA DUNE, JUSTE LÀ !

BONJOUR, CHÉFYA !

BONJOUR, DJAU! J'AI TON GOBELET. DIS, TU N'AURAIS PAS VU D'ÉTRANGERS TOUT PRÈS ?

À PART TES AMIS ICI, NON. MAIS PRENEZ GARDE, LES ÉTRANGERS SONT MAL VUS DES GARDES EN CE MOMENT.

ET SURTOUT DE LEUR COMMANDANT ABDOUL !

D'AILLEURS, CETTE BRUTE S'APPRÊTERAIT À EXÉCUTER LE PAUVRE VIEIL HOMME !

QUOI? MAIS IL FUYAIT LE VOLEUR ! TOUS L'ONT VU, IL EST INNOCENT !

HÉ! C'EST PAT!

JE SAIS, CHEF; MAIS ON N'A JAMAIS RETROUVÉ TRACE DE L'HOMME COURT VÊTU NI DE LA COURONNE.

ALORS, POUR APAISER LA COLÈRE DES ÉLÉMENTS ...

... ABDOUL A CONVAINCU LE SULTAN SAHARAPPÉ QU'IL DOIT LE SACRIFIER !

EH BIEN, NOUS AVONS DES ARGUMENTS POINTUS POUR LE PERSUADER DU CONTRAIRE !

ON FILE AU PALAIS PAR BIDULE, TI-GUY ?

NON, C'EST TROP RISQUÉ, ON PEUT ATTERRIR N'IMPORTE OÙ DANS L'ENCEINTE.

DJAU, CROYEZ-NOUS, NOUS POUVONS SAUVER CET HOMME, MAIS POUR CELA IL NOUS FAUDRAIT ENTRER AU PALAIS ET VOIR LE SULTAN !

INTERDIT AUX ÉTRANGERS! VOUS M'INTRIGUEZ, MAIS POUR CONTRER ABDOUL, COMPTEZ SUR DJAU!

ET SUR CHEF !

OR, AU PALAIS, DEVANT LE SULTAN SAHARAPPÉ...

ALORS, MANANT, TOUJOURS MUET? POUR LA DERNIÈRE FOIS: OÙ SE TROUVE LA COURONNE ?

22

ES-TU BIEN SÛR DE VOULOIR PAYER POUR TON COMPLICE ?

COMMENT PUIS-JE LEUR DIRE ? ILS NE COMPRENDRAIENT RIEN ! JE SUIS PERDU !

VOICI TA DERNIÈRE HEURE POUR Y RÉFLÉCHIR ! POSSIB, EMMENEZ-LE !

BIEN, SULTAN.

ABDOUL, RENFORCE LA SURVEILLANCE AUTOUR DU PALAIS ! D'AUTRES COMPLICES POURRAIENT SE POINTER POUR LE DÉLIVRER ! ET FAIS DESSABLER LA CITÉ !

À VOS ORDRES, SULTAN !

À LA PORTE SUD DE L'OASIS,...

VOUS VOICI DANS L'OASIS ! BONNE CHANCE !

AU REVOIR, DJAU !

AU REVOIR, CHÉFYA !

L'ENCEINTE DU PALAIS À PRÉSENT. NE VOUS EN FAITES PAS, JE SUIS LE FOURNISSEUR OFFICIEL.

BONJOUR SEPPA. ÇA VA ?

ÇA VA, ÇA VA.

UN INSTANT ! CONTRÔLE !

ENFIN, UN PEU D'EXERCICE !

MAIS, ABDOUL, C'EST DJAU ! Y A JAMAIS QUE DU SEL DANS SON CHARIOT !

J'ESPÈRE POUR LUI...

... SINON LA FRACTURE SERA SALÉE ! HA ! HA !

27

ALLEZ, TU PEUX FILER, MARCHAND!

OK, ASSEZ PERDU DE TEMPS! SEPPA, VA CHERCHER CE BARBU DE NABOT!

J'AI DIT: TOUT DE SUITE!

MAINTENANT?

SCRITCH SCRITCH

EUH... LÀ-DESSOUS, Ç... ÇA VA? M... M... M... ESSIEURS?...

UN PEU BRUYANT, MAIS, OUI OUI, ÇA VA!

VOILÀ, C'EST ICI QUE NOS PAS SE LAISSENT.

AU REVOIR, DJAU, ET MERCI POUR TON AIDE.

CE N'EST RIEN. SEULEMENT, RAPPELEZ-VOUS: PRENEZ GARDE, LES PETITS, PRENEZ GARDE!

DJAU SEL FIN

BRAVE DJAU. TU AS ENTENDU ABDOUL? IL FAUT VOIR LE SULTAN AU PLUS VITE, AL!

OUI, MAIS RIC ET ALBÉRIC, EUX, OÙ SE TROUV... MAIS?...

CE SONT LES FRINGUES DE RIC, ÇA!?

!?!

AUCUN DOUTE, C'EST BIEN À LUI! IL EST DONC TOUT PRÈS D'ICI!

HALTE! QUI VA LÀ?

OH! OH!... ENCORE LES GARDES!

ATTENTION! ILS VONT S'ÉCHAPPER!

PAR ICI!

EUH... D'AC!

24

OUF! LA PORTE SE BARRE!

TIENS, BONJOUR LES AMIS! ÇA VA COMME VOUS VOULEZ?

RIC!?

UN HAREM!!

EH OUI!

LES GARDES M'ONT RECRUTÉ DANS LA RUE POUR EN ÊTRE LE GARDIEN. JE RÉPONDS AUX CRITÈRES, PARAÎT-IL...

BOM BOM

HHH 'AREMM... SANS SES FRINGUES, NOTRE AMI...

...PLUTÔT FRINGANT!

OUVREZ!

AL, LA VISITE EST LÀ!

JE M'EN OCCUPE. RIC, TU SAIS CE QU'ON LUI RÉSERVE, AU GARDIEN DU HAREM?

MMH?... NON, QUOI?

EUH... NUQUE...

BOM BOM BOM BOM

BZZZ... BZZZ... TCHOP!

ULP! S... SANS BLAGUE?

ALORS, QUOI? ÇA COUPE UN PEU COURT À TES ASPIRATIONS, PEUT-ÊTRE?

ET COMMENT!

EEH!

COMME ÇA, COMME ÇA, ET SANS CE BOUTON, LÀ!

NON, NE...

ATTENDS...

BOM BOM BOM

CLIC CLIC CLIC

POUF! POUF! POUF!

CRAC

?!

25

LE SOUK DE LA CITÉ:
QUEL BAZAR!

ÉPICES! ENCENS!

LES BONNES
MERGUEZ!

IL S'AGIT DE BIEN
DÉBUTER PAR UNE
VENTE RAPIDE.

JE LES TISSE BIEN
SERRÉS! ILS SONT
TRÈS RÉSISTANTS!

TOUT
COMME
VOUS,
D'AILLEURS
...

MAIS...MAIS?!
...OÙ SONT...
AH! C'EST
TROP BÊTE!!

POUF!
POUF!
POUF!

FIOU!
ÉCHAPPÉ
BELLE!

RIC, LA
PROCHAINE FOIS,
TU NOUS PRÉ-
VIENS, OK?

NOUS SOMMES
DANS LE SOUK.
RETOURNONS
AU PALAIS.

EUH...
JE SUIS
DÉSOLÉ,
LES AMIS!
...

BAH...T'AS JUSTE
UN PEU PERDU
LA TÊTE!

ON
COMPREND
ÇA!

26

ET ALBÉRIC ? PAS VU ?

CHUMP CHUMP

NON. J'ESPÈRE AU MOINS QU'IL A À BOIRE... !?

ATTENTION !

EUH... TIENS, AL ! QUEL BON VENT ? ALORS, Z'AVEZ RETROUVÉ VOTRE AMI ?

ET TOI, TU AS RETROUVÉ TES ESPRITS ? TU AS BIEN FAILLI TE FAIRE ÉCRASER !

IL N'A JAMAIS RALENTI ! NON MAIS, VOUS AVEZ VU LA TAILLE DE CET ANIMAL ?!

C'EST LE MODÈLE TRANSSAHARIEN, MAIS LA PLUPART DES GENS NE SE PAVANENT QUE DANS LA CITÉ...

...MÊME SI ÇA CONSOMME SANS BON SENS...

BURP !

...ET QUE ÇA POLLUE TOUT AUTANT !

LES VÉHICULES «UTILITAIRES SPORT» DE L'ÉPOQUE EN SOMME...

EN BÊTE DE SOMME ! ALORS ? DÉJÀ TOUT VENDU ? BONNE JOURNÉE, DIS DONC !

HÉLAS, NON ! JE CHERCHE MON STOCK : ON M'A TOUT VOLÉ !

VOLÉ ? DES ÉCHARPES ? MMMH... ÇA ME RAPPELLE QUELQU'UN, ÇA...

CHÉFYA, JE TE PRÉSENTE RIC. TU PENSES À CLEPTO, RIC ? OUAIS, C'EST BIEN POSSIB...

27

31

ALPHA ET BÊTA!

PRISONNIERS!? OÙ LES EM-MÈNE-T-ON?

!?

SUIVONS-LES!

ALLEZ! PLUS VITE QUE ÇA!

PENDANT CE TEMPS...

TOUT LE MONDE DISPARAÎT ICI!!

FILONS À LA POTENCE ET TERMINONS CES PRÉPA-RATIFS!

CE SONT PEUT-ÊTRE TES VOLEURS QUE L'ON VIENT DE SURPRENDRE...

NON, JE NE CROIS PAS, ILS MON-TENT SUR L'ESTRADE. MES AMIS, J'AI BIEN PEUR QU'ILS AIENT ÉTÉ TROUVÉS EN PLEIN DÉSERT!

ET ALORS?

ALORS, ILS SERONT VENDUS AUX ENCHÈRES COMME ESCLAVES!

QUOI? ON NE PEUT PAS LAISSER FAIRE ÇA!

ET LÀ, CELUI QUI AVANCE ...

... C'EST PAT!

TIENS, IL Y A UN AUTRE ATTROUPEMENT LÀ-BAS! EEH! MAIS ON DIRAIT BIEN...

MES ÉCHARPES!

ELLES SONT À VOUS? NOUS RESTITUONS LE BUTIN D'UN VOLEUR PRIS SUR LE FAIT ...

...ET QUE NOUS NOUS APPRÊTONS À CHÂTIER!

OUPS! CLEPTO N'EST PAS SORTI DU "BOA" LUI NON PLUS!

TONNERRE! IL Y EN A DE TOUS BORDS, TOUS CÔTÉS!

IL FAUT AGIR TOUT DE SUITE, SINON ILS SONT CUITS!

UN PEU D'AGNEAU, NOBLES ÉTRANGERS?

GROOIIKK!!

MMM... C'EST QUE ÇA SENT RUDEMENT BON, CES BROCHETTES!

BROCHETTES?

BON, LA FRINGALE À PRÉSENT! RIC, EST-CE BIEN LE MOMENT?

GROOIIK

MAIS OUI, VOILÀ L'IDÉE! CHEF, PEUX-TU TROQUER DES BROCHETTES CONTRE DU COUSCOUS?

EUH... OUI, SANS PROBLÈME.

NOUS ALLONS TE PRÉPARER UN TOUR DE MAGIE SANS PAREIL!

?

SUR L'ESTRADE, ON S'ACTIVE...

ALORS, QUI M'OFFRE 200 DINARS POUR CE ROBUSTE ESCLAVE?

AH! VOICI LE CIMETERRE D'EXÉCUTION!

PROCÉDONS À L'ÉCHANGE...

...ET DÉPOSONS CELUI-CI BIEN EN VUE DU CONDAMNÉ!!

HA! HA!

BÊTA, VOIS-TU CE QUE JE VOIS? ON DIRAIT BIEN LE CANON D'UN SILENCIEUX QUI DÉBORDE DU COUSSIN, JUSTE LÀ!?

MAIS OUI! ET ILS SAVENT CE QU'EST UN PISTOLET! C'EST CELUI DE KLEB: IL SERA TOMBÉ DANS LA DOUBLURE DU COUSSIN OFFICIEL ET PERSONNE NE S'EN EST APERÇU! (*)

MAIS QUI SONT-ILS?

CRAC!

OK, TOUT MON MONDE EST EN PLACE? PARFAIT!

J'APPELLE CETTE OPÉRATION L'OPÉRATION «À LA RES-COUSCOUS!»

FROT FROT

29

(*) P. 13 DERNIÈRE CASE

33

SUR LA PLACE...

CHARMEUR DE SERPENT, DONNE L'ASSAUT FINAL!

GLLLP....!

ZOUIT!

ATTENTION! RECULEZ, RECULEZ!

HOP! HOP! HOP!

HÉ! HÉ! BROUSSELI N'AURAIT PAS FAIT MIEUX!

À PRÉSENT, VISONS JUSTE!

PAF!

TOP!

ET SUR L'ESTRADE...

350 DINARS, QUI DIT MIEUX?

POSSIB, SEPPA, PRÉVENEZ LE SULTAN QUE TOUT EST PRÊT POUR L'EXÉC...

POF!

?

QUI A OSÉ?!

MAIS REVENEZ, BANDE DE PLEUTRES! CE N'EST QU'UN SERPENT!!

30

34

TIENS, TIENS, TI-GUY, COMME ON SE RETROUVE!

BIEN JOUÉ, PATRON!

MAIS?! ON INTERVIENT...

...POUR VOUS DÉLIVRER!

SUR L'AUTRE ARÈNE...

MMMH... VU SA FRÊLE CONSTITUTION, RAPATRIONS D'ABORD CELUI-CI!

COMME ÇA, COMME ÇA, ET COMME...

CLAC CLAC CLAC

OH!

ÇA NE TOURNE PAS ROND!

AINSI, CE BIDULE NOUS A VRAIMENT PROPULSÉS DANS LE PASSÉ!

DONNEZ-LE-MOI!

?

QUE... ENRAYÉ?!... DU SABLE!

OH! OH!

PARADE N°4, PATRON?

VITE!

FWOU FWOU FWOU

HOP!

ENFIN, VOILÀ RIC!

JOIGNONS L'UTILI-TAIRE...

?

CHUMP

...AU DÉ-SAGRÉABLE!

CHUMP CHUMP

FLOUP

?

À TANTÔT, TI-GUY!

ET MERCI POUR LE POUF!

CLIC!

?

POUT! POUT! POUT! POUT!

CHTAC!

VITE PAT, PAR LÀ!

WOW! ÇA, C'EST DE LA MAGIE! VENEZ, JE VAIS DÉFAIRE CES LIENS!

PAS LE TEMPS, VOILÀ LES GARDES QUI REVIENNENT!

?

!

?

CLAP

CLAP CLAP

SÉPARONS-NOUS, C'EST NOTRE MEILLEURE CHANCE!

JE M'OCCUPE D'ABDOUL!

QUOI?

33

37

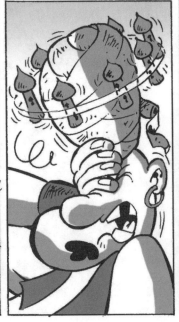

GRRR! OÙ SONT-ILS TOUS PASSÉS?

AU MOINS... CHUMP! PAT A PU S'ENFUIR... CHUMP! CHUMP! QUEL CRAN!

TU L'AS DIT, AL... CHUMP! ET MAINTENANT, IL VA CHERCHER À NOUS CONTACTER! C'EST DÉSORMAIS RÉCIPROQUE... CHUMP!

AINSI QUE RIC, QUEL TOUR DE PASSE-PASSE! JE N'Y AI VU QUE DES PLUMES!

CHUMP CHUMP

CHUMP CHUMP CHUMP

CHEF', ON NE SAURAIT ASSEZ TE REMERCIER, MAIS TU AS DÉJÀ SUFFISAMMENT PRIS DE RISQUES POUR NOUS!

TI-GUY A RAISON, CHEF'. IL FAUT SE DIRE AU REVOIR MAINTENANT.

BIEN, AL. VOUS SALUEREZ RIC ET PAT POUR MOI, HEIN?

LA VOIE EST LIBRE À L'ARRIÈRE.

AU REVOIR, CHÉFYA, MERCI POUR LE GÎTE, MARCHAND, ET POUR LES BROCHETTES!

C'EST LA MAISON QUI OFFRE! ON S'EST PAYÉ LA TÊTE D'ABDOUL ET VOUS AVEZ AMUSÉ TOUTE MA CLIENTÈLE!

TOUTE?

CHUMP

UNE VENDEUSE DE TCHADORS? C'EST TOUJOURS UN INDICE...

39

TENEZ, POUR VOTRE COS-TAUD AMI!

POUR RIC? MERCI ENCORE!

IL VA BEAUCOUP APPRÉCIER!

ET QU'ALLAH VOUS PRO-TÈGE!

PAR ICI, AL. RETROUVONS RIC À L'ENDROIT DÉSIGNÉ...

...ET À L'HEURE CONVENUE.

J'AI EU DE LA CHANCE: NOUS SOMMES REVENUS AU MILIEU DE LA COUR DU HAVRE DE REPOS, DÉSERTE EN CE MOMENT.

CHUMP! CHUMP!

J'ENTENDAIS LE CONTRÔLEUR QUI ESSAYAIT TANT BIEN QUE MAL DE CALMER GLADYS À L'INTÉRIEUR DU MUSÉE! CHUMP!

J'AI COURU ME CACHER EN HAUT DES MARCHES ET CHUMP! PENDANT QU'ALPHA ET BÊTA SE DÉBATTAIENT SOUS LE PLUMAGE, CLEPTO, QUI AVAIT REPRIS SES ESPRITS, S'EST ENFUI VERS L'AUTRE COIN! CHUMP! CHUMP!

CHUMP CHUMP

ILS ONT TENTÉ EN VAIN DE LE REJOINDRE ET DANS LEUR HÂTE, ILS ONT RENVERSÉ LA POUBELLE QUI CONTENAIT, SEMBLE-T-IL, LEURS PÉTARDS. ILS LES ONT RÉCUPÉRÉS PUIS ONT DISPARU. ALORS, POUF! JE SUIS REVENU. ET PAT? OÙ EST-IL?

DISPARU, LUI AUSSI!

IL DOIT ÊTRE TOUT PRÈS...

?!?

MAIS...ON DIRAIT BIEN LA BARBE DE PAT! QU'EST-CE QUE ÇA SIGNIFIE?

KLEB N'AVAIT PAS MENTIONNÉ CE DÉTAIL.

DEMANDONS À CET ARTISAN. IL A PEUT-ÊTRE VU QUELQUE CHOSE.

PARDON, JE... LÀ-HAUT? EUH, D'ACCORD!

EH! CE N'EST QU'UNE SALLE VIDE!

SALUT LES TI-COCOS!

RAVIE DE VOUS REVOIR!

LA NIÈCE DE PAT!?

ET/OU PLUTÔT: PAT EN PERSONNE?

HÉ, BIEN VU! MAIS D'ABORD, VOUS AVEZ TOUJOURS LE BIDULE?

AINSI QUE LA COURONNE, OUI. MAIS, EUH,... PAT, POURQUOI CE DÉGUISEMENT, CETTE DOUBLE IDENTITÉ? MÊME JUSQU'ICI?

D'ABORD, C'ÉTAIT POUR CIRCULER LIBREMENT AUTOUR DE MON LABORATOIRE...

...CAR LA CRÉATION DU BIDULE EXIGEAIT LE PLUS GRAND SECRET!

QUAND ARRIVA LE JOUR DU GRAND TEST, HÉLAS, RIEN NE SE PRODUISIT!

DÉÇUE, JE REMIS MON DÉGUISEMENT ET J'ALLAIS SORTIR POUR RÉFLÉCHIR QUAND L'ÉTINCELLE JAILLIT:

J'AVAIS TROUVÉ CE QUI CLOCHAIT!

ET EN TROIS SECONDES, LE BIDULE ÉTAIT FONCTIONNEL! KLEB, QUE VOUS SEMBLEZ CONNAÎTRE, FIT IRRUPTION DANS LE LABO AU MÊME INSTANT!

J'AI VOULU DONC PRENDRE LA FUITE DANS LE TEMPS, N'IMPORTE OÙ, POUR REVENIR PLUS TARD!

ET MALHEUREUSEMENT, KLEB PARTIT AUSSI! ON CONNAÎT LA SUITE!

AH, VOUS SAVEZ? ET C'EST POUR NE PAS PARAÎTRE ENCORE PLUS LOUCHE QUE J'AI DÛ CONSERVER CETTE VIEILLE BARBE, À LAQUELLE JE SUIS ALLERGIQUE À PRÉSENT!

POSONS ÇA.

AINSI, C'EST VRAIMENT TON PREMIER PÉRIPLE EN BIDULE?

EXACT.

ZUT! J'IRAI RAMASSER.

MINUTE! ET CE CLICHÉ DE TOI AVEC CET ONCLE SUR LE PROGRAMME DE LA PUCE?

HA! HA! IL S'AGIT DE MON VIEIL ONCLE, BIEN RÉEL CELUI-LÀ!

C'EST UN ORIGINAL RECLUS SUR SON ÎLE. AUSSI GÉNÉREUX QUE FORTUNÉ, IL EST MON MÉCÈNE.

CE QUE VOUS AVEZ VU EST UNE PRÉSENTATION À L'INTENTION DES HISTORIENS. COMME JE DÉSIRAIS RESTER ANONYME ET QUE ÇA AMUSAIT MON ONCLE DE JOUER LE JEU, C'ÉTAIT PARFAIT! VOILÀ!

EH BEN, ELLE NOUS A TOUS EUS D'APLOMB, HEIN, AL?

VÉRIFIONS LA PILE DU BIDULE... OH! IL NE RESTE QUE TROIS UNITÉS!

À L'EXTÉRIEUR...

?

POSTICHE?

42

ALORS, VOS RECHERCHES?

ILS SE SONT ENFUIS, MAIS NOUS TENONS CETTE COMPLICE!

PREUVE EN MAIN!

BEAU TRAVAIL! TOI, TU VAS PAYER POUR TOUS LES AUTRES!

AVEC CETTE BARBE, L'ILLUSION FERA L'AFFAIRE!

DES UNITÉS?

OUI, DES UNITÉS DE TRANSPORT! C'EST L'ÉNERGIE REQUISE PAR LE BIDULE, ET CHACUNE PERMET UN ALLER-RETOUR POUR UNE PERSONNE!

IL N'EN RESTE QUE TROIS... ET NOUS SOMMES QUATRE!

ET DEMI. IL MANQUE TOUJOURS ALBÉRIC!

ALBÉRIC?

ET SI TU RETIRES CETTE BARBE, OU QU'ELLE TOMBE D'ICI L'ÉCHAFAUD: *COUIC!...*

...JE TE RASE DE PRÈS SUR-LE-CHAMP!!

MAIS, C'EST CHÉFYA!

FLÛTE! C'EST MA FAUTE!

ELLE EST EN DANGER IMMÉDIAT! IL FAUT VITE RENDRE LA COURONNE AU SULTAN!

LE PALAIS DOIT ÊTRE TOUT PROCHE: À NOUS DE LA SECOURIR À PRÉSENT!

SUIVEZ-MOI!!

EH! OH!

ILS SONT LÀ! ATTRAPEZ-LES!

VITE! À DROMADAIRE!

CETTE FOIS, NOUS LES TENONS!

PAR ICI, PEUT-ÊTRE...

39

43

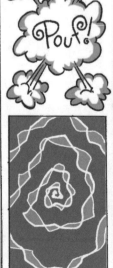

45

47

ET TU AS RAMASSÉ CE BOUT D'ÉCORCE À LA PLACE: LA COURONNE EST RESTÉE LÀ-BAS!

MMM

ÇA CHAUFFE! JE DOIS M'ESQUIVER, C'EST NOTRE SEULE CHANCE!

J'ARRIVE À TEMPS!

ABDOUL, TE VOILÀ ENFIN! QU'Y A-T-IL ENCORE?

ON TENTAIT ICI UNE MANIGANCE AVEC UNE ARME INCONNUE!

UNE ARME SECRÈTE? VOYONS CELA...

S'IL TOUCHE UN SEUL BOUTON, C'EN EST FAIT!

J'AI AUSSI RETROUVÉ NOTRE FUGITIF!

CHÉF'YA!

ABDOUL TE BERNE, SULTAN. ELLE N'Y EST POUR RIEN: LA PREUVE!

!

ET PUIS, ÇA POURRAIT BIEN PLUS ÊTRE MOI!

OU ENCORE MOI!

QU'EST-CE QUE... UNE FAUSSE VICTIME À PRÉSENT? TU SAIS QUE J'AI HORREUR DE CE GENRE DE TRUC, ABDOUL!...

TU VOIS JUSTE, SULTAN. ABDOUL EST DANS LE CHAMP, COMME LA COURONNE EST DANS LA PETITE OASIS!

LIBÉREZ LA JEUNE FILLE!

SULTAN?

AH, LA BARBE! QUE CACHE TANT DE CULOT?... DÈS L'AUBE, NOUS IRONS VOIR À L'OASIS.

D'ICI LÀ, LES CACHOTTIERS...

...AU CACHOT!

QUI SAIT SI LE BIDULE N'EST PAS VIDE À PRÉSENT?...

LE PRO DU DRO

MAIS, VOUS ICI? COMMENT...

CHÉF'YA S'EST ENDORMIE? PARFAIT. EH BIEN, TOUT A COMMENCÉ QUAND RIC ACTIONNA CE QU'IL CROYAIT ÊTRE UNE CORDE D'ARRÊT D'AUTOBUS...(*)

(*) VOIR: MARCHÉ AUX PUCES

PUIS... BLA, BLA, BLA...

AVEC CE GADGET, NE CRAIGNEZ PLUS LES AGRESSIONS...

CHUMP

... C'EST VOUS QUI DEVENEZ L'AGRESSEUR!

DROMADAIRES ET ACCESSOIRES

...BLA, BLA... ET NOUS VOICI À CROUPIR ICI.

ACCROUPIS.

SNIF SNIF

BEUH! LES FRUITS NE SONT MÊME PAS FRAIS!

LA MEILLEURE DÉFENSE, C'EST ENCORE L'ATTAQUE!

À LA GUERRE COMME À LA GUERRE!

LE PRO DU DRO

PLOTCH

!

49

DÈS L'AURORE...

C'EST AU PIED D'UN DATTIER?

OUI, MAIS LEQUEL? C'ÉTAIT LA TEMPÊTE! DE TOUTE FAÇON, ELLE A ROULÉ AU VENT...

COURONNE «PROTECTRICE.» PFF!

ÇA VA, AL?

BOF! JE PENSE À ALBÉRIC...

...IL DOIT ÊTRE MORT DE SOIF, LE PAUVRE!

C'EST BIEN PROBABLE, L'EAU EST RARE PAR ICI! DE FAIT, ON Y TROUVE SURTOUT DE CE LIQUIDE NOIR IMBUVABLE...

MAIS, LE BON CÔTÉ, C'EST QUE LE SULTANAT Y VIT EN PAIX: PERSONNE NE SE BATTRA JAMAIS POUR CETTE CONTRÉE!

EN ATTENDANT, ON SENT LA MENACE PLANER! VOYEZ!

...ON ASSISTE DÉJÀ À UN RÉCHAUFFEMENT DU LOBE! HÉ! LÀ!

GUILI! GUILI!

NE CRAINS RIEN, PAT. ABDOUL NE PEUT RIEN FAIRE TANT QUE LE SULTAN NE LE LUI ORDONNE.

VOICI L'OASIS. VOUS AVEZ JUS-QU'AU LEVER DU SOLEIL POUR TROU-VER LA COURONNE! SINON: COUIC!

EH BIEN, SOUHAITONS-NOUS BONNE CHANCE, LES AMIS!

146

50

DIX MINUTES PLUS TARD...

RIEN... AUCUNE TRACE! ET TOI, AL?

PAREIL. JE TROUVE QUE DATTE...

CINQ MINUTES PLUS TARD...

TOUJOURS RIEN...

ET LE SOLEIL QUI VA POINDRE DANS QUELQUES MINUTES!

CHÉF, Y'A, TU AS VU? QU'EST-CÉ QUE C'EST?

C'EST KISHERSHLO, LE SOURCIER, AVEC SON ATTIRAIL.

CL'ING CLOUNG

ALORS, KISHERSHLO, ON S'EST DÉNICHÉ UN PORTEUR D'EAU, ON DIRAIT!

UNE TASSE POUR MOI!

ALBÉRIC!!

BIEN VIVANT! HA! HA!

COMME C'EST BON DE TE REVOIR!

IL EST À VOUS? JE L'AI TROUVÉ ERRANT ET ASSOIFFÉ.

ALLO LA COURONNE!! VOTRE DÉLAI EST PRESQUE ACHEVÉ!

OUUH! JE SENS QU'ON PÈTE UNE COCHE ICI, LÀ...

52

QU'Y A-T-IL, CHÉFYA ?

LA... LA COURONNE, ELLE NOUS PARLE !

VOYEZ CETTE DATTE AU CENTRE DE CES PETITES BOSSES, ET IMAGINEZ LA CITÉ !

PENSEZ-Y : DES DUNES ARTIFICIELLES AUTOUR D'ELLE FREINERAIENT SON CONTINUEL ENSABLEMENT LORS DES TEMPÊTES !

LUMINEUSE IDÉE ! AINSI, LA CITÉ SERAIT DÉSORMAIS TOUJOURS SOUS LA PROTECTION DE LA COURONNE !

C'EST UNE DATTE HISTORIQUE !

ABDOUL ?

SULTAN ?

VOUS VOULEZ JOUER DES BRAS À TOUT PRIX ?

JE N'ATTENDS QUE CELA, SULTAN.

ALORS, ALLEZ DONC PRÉPARER LE CHANTIER AUTOUR DE LA CITÉ.

IMMÉDIATEMENT !

ET SOUS LA SUPERVISION DE CETTE BRILLANTE JEUNE FILLE, QUE JE NOMME MA CONSEILLÈRE PERSONNELLE !

IL A DU FLAIR CELUI-LÀ ! MAIS IL TIENT BIEN TROP À VOUS, JE VOUS LE RENDS !

SULTAN, PUIS-JE REPRENDRE MON « PORTE-ÉPICES » ?

AH ! CE N'ÉTAIT QUE ÇA ! MAIS BIEN SÛR, LE VOICI.

52 JOURS
TOMBOUCTOU
تمبكتو

OUF ! LE BIDULE EST INTACT !

NOUS REJOIGNONS PAT À L'OASIS DE LA COURONNE.

BEAU BOULOT, CES DUNES!

MERCI, AL!

CETTE FOIS, C'EST VRAI, CHÉFYA...

... C'EST ICI QUE NOS ROUTES SE SÉPARENT.

LE BIDULE EST RECHARGÉ? OK. PAT, J'AIMERAIS SALUER CHÉFYA DANS SA LANGUE. PEUX-TU DÉSACTIVER LE TRADUCTEUR UN INSTANT?

BIEN SÛR!

CLIC

SHOKRAN (*) SALAM ALAYKOUM (**)

SALAM ALAYKOUM, CHÉFYA.

MERCI, PAT.

AU FAIT, TON NOM, ÇA VEUT DIRE QUELQUE CHOSE?

CLIC

CHÉFYA?

CELLE QUI GUÉRIT!

ÇA Y EST, ELLE EST PARTIE.

DERRIÈRE LA DUNE...

...JUSTE LÀ.

ÉTRANGE ET TRISTE DE PENSER QUE DANS QUELQUES SECONDES, ELLE N'EXISTERA PLUS DEPUIS MILLE ANS...

CORRECTION, AL, NOUS NE SERONS PLUS LÀ, ALORS QUE CHÉFYA, ELLE, VIVRA ENCORE.

(*) MERCI (**) QUE LA PAIX SOIT SUR VOUS ou BONJOUR

MMMH... OUI, SANS DOUTE...

...QUELQUE PART DANS SON TEMPS.

POUF!
POUF!
POUF!
POUF!
WOUF!

55

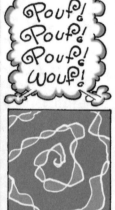

GRANT'04 [52]

56

SKETCHES EN VRAC !

C'était avant Alpha et Bêta, bien avant Ric, Albéric et compagnie…

L'histoire suivante, Sans cérémonie…, remonte à 1988. Elle présente la toute première apparition de Ti-Guy dans une bande dessinée qui devait rester sans suite. Ce qui aurait été bien dommage! Un second épisode intitulé Juste ciel ! ressuscita alors le personnage !

Cette période d'essais graphiques et narratifs façonna Ti-Guy vers l'album Marché aux puces, qui fait référence à ces deux histoires.

Ces amusants péchés de jeunesse, avec entre autres des clins d'œil à Fern, Morris et Franquin, vous sont présentés dans une version remaniée: Sketches en vrac !

Bonne découverte !

L'auteur

SANS CÉRÉMONIE...

CHERS AMIS, NOUS SOMMES ICI RÉUNIS POUR ÊTRE LES TÉMOINS DE L'UNION...

...DE TI-GUY ET DE NOTRE TRÈS CHÈRE CONCITOYENNE...

...DONT LA FAMILLE S'APPRÊTE À ACCUEILLIR À BRAS OUVERTS CE NOUVEAU MEMBRE.

SI LE MARIÉ VEUT BIEN PRÉSENTER LES ALLIANCES POUR LA BÉNÉDICTION.

HA! HA! UN CLASSIQUE DES FARCES ET ATTRAPES: LE FAUX DOIGT COUPÉ! À MOINS QUE CE NE SOIT LE VRAI DOIGT FAUSSEMENT COUPÉ! HÉ! HÉ!

8 $ LE COFFRET DE VELOURS PRÉ-TROUÉ, KETCHUP COMPRIS!

59

60

MERCI ALBERT. TU PEUX TE RASSEOIR.

PSST!

?

QUE CET ENCENS SOIT LE SIGNE ÉVIDENT DE TA PRÉSENCE, SEIGNEUR.

POUT!

...BEEUHH!...

SNIF SNIF

'FAUT SE RENDRE À L'ÉVIDENCE : L'EFFET EST DIVIN!!

BOMBE PUANTE VENDUE AVEC MASQUE!

VOUS FEREZ CELA EN MÉMOIRE DE MOI...

AARGGH!...

VEUILLEZ AVANCER, S.V.P.

C'EST L'HEURE DE LA COMMU-NION.

AMÈNE.

CLONK!

HA!HA!HA! IMITATION EN PLASTIQUE TREMPÉ!! D'USAGE PLUTÔT LIMITÉ, J'EN CONVIENS.

MAIS ON NE PEUT PAS DIRE QUE ÇA NE CASSE RIEN COMME GAG!

UMPH! SI NOUS ENTONNIONS À PRÉSENT CE CHANT SPÉCIALEMENT CHOISI PAR LES NOUVEAUX MARIÉS.

AVANT TA VENUE MAGNANIME,...

(REFRAIN)

Avant ta venue magnanime, je ne payais pas de mine. Puis, tu apparus devant moi, confus!

... JE NE PAYAIS PAS DE MINE...

(REFRAIN)

Avant ta venue magnanime, je ne payais pas de mine. Puis, tu apparus devant moi, confus!

... PUIS, TU...EUH...APPARUS DEVANT M...EUH!...

(REFRAIN)

Avant ta venue CRAYONS magnanime MAGIQUES payais pas 50¢ 20 POUR 7$ devant moi, confus!

62

... ET UNE DERNIÈRE SIGNATURE JUSTE ICI.

ET VOILÀ LE TRAVAIL !

PAF

AAAAAAA...
...AAAAAAHH...

EH OUI ! POUDRE À ÉTERNUER *AU TABASCO* ! 25¢/g. GARE À LA RAFALE !

?

NIIITTTCCHOOOU

SUPER POIL À GRATTER! RECETTE MAISON EN INSTANCE DE BREVET...

...EN RABAIS CETTE SEMAINE, MAIS LES STOCKS S'ENVOLENT VITE...

... LES «GRATTEUX» DEVRONT SE GROUILLER !!

68

UN PEU PLUS TARD...
TU PARLES D'UN BLED! TOUS DES BRAVES TYPES, MAIS QUELLES TRONCHES!
TIENS, IL ME DONNE UNE IDÉE CELUI-LÀ...
... APRÈS TOUT, IL NE FAUDRAIT PAS PERDRE LA MAIN!
SALUT VIEUX! ON SE SERRE LA PINCE?
PAS POSSIBLE, IL EST LÀ DEPUIS LE NÉANDERTAL!!
?
HA! HA! LA MAIN POSTICHE, UN VIEUX COUP, MAIS ÇA PREND TOUJOURS! HA! HA! ALORS, ON SE DILATE LA RATE? HA! HA!
PAF
HUMOUR GRINÇANT
FINE PLAISANTERIE
MER DES SUBTILITÉS
=
(NÉANT)
BON, OK, EUH ... ENCHANTÉ! (OUILLE!! JE PRENDS UN COUP DE VIEUX!) D'ACCORD, ON SE DILATE LA PATTE!
DITES, C'EST BIEN LE PARADIS ICI? OU BIEN UNE MENTERIE LONGUE COMME LE BRAS?
AH! CELUI-LÀ? TROP DUR À CUIRE, MÊME EN ENFER! ALORS ON ESSAIE DE L'ATTENDRIR AU PARADIS!
?
PLOP!

71

PLUS TARD...
VOYONS, VOYONS... OÙ AI-JE BIEN PU LAISSER TRAÎNER MON TRIDENT ?

EUH... BEN OUI... EUH... JE M'ÉTAIS DIT COMME ÇA, ...EUH... 'Z'EN VOULEZ P'TÊT UN PEU ?...

TI-GUY MAUVE

FON TRIDENT, FON TRIDENT! ATTENDS UN PEU DE FOIR LA FROUSSE QUE MON MASQUE EN LATEX FA TE PROFOQUER...

ZUT! PAS FACILE À MANIPULER SOUS CETTE CHALEUR...

... MAIS... QUE SIGNIFIE...

PSSSTT!...

?

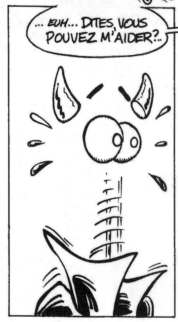

... EUH... DITES, VOUS POUVEZ M'AIDER?...

...ALLONS, SOYEZ GENTIL, JE NE VOUS EN VEUX PLUS, MOI!' EN FAIT, TOUTES MES INTENTIONS DE VENGEANCE ONT FONDU DANS LE DÉCOR...

14

ATTENDEZ !!... JE ME RAPPELLE À PRÉSENT...

...LORSQU'IL EST CHAUFFÉ, CE LATEX DE MA COMPOSITION DEVIENT FRIABLE UNE FOIS SÉCHÉ !

ALORS DÉBROUILLEZ-VOUS POUR ASSÉCHER CETTE FICHUE COLLE...

... ET GROUILLEZ-VOUS !!

MAIS, QU'EST-CE QU'IL FABRIQUE, BON SANG ?

TAPE TAPE TAPE

VITE, ON MANQUE D'AIR ICI !!

VOILÀ, VOILÀ...

ET VOUS DIREZ QUE JE NE FAIS RIEN POUR VOUS !

IL NE MAN- QUE PAS D'AIR, CELUI- LÀ !!

POF POF

TAPE TAPE TAP...

SWIP SWIP

SWIP SWIP SWIP SWIP

CRA...

76